Agenda

2019-2020

Ce planificateur appartient à:

Nom:

Anniversaire:

Adresse:

Mobile:

É-mail:

AOÛT 2019

01	JE	
02	VE	
03	SA	
04	DI	
05	LU	32
06	MA	
07	ME	
08	JE	
09	VE	
10	SA	
11	DI	
12	LU	33
13	MA	
14	ME	
15	JE	
16	VE	
17	SA	
18	DI	
19	LU	34
20	MA	
21	ME	
22	JE	
23	VE	
24	SA	
25	DI	
26	LU	35
27	MA	
28	ME	
29	JE	
30	VE	
31	SA	

SEPTEMBRE

01	DI	
02	LU	36
03	MA	
04	ME	
05	JE	
06	VE	
07	SA	
08	DI	
09	LU	37
10	MA	
11	ME	
12	JE	
13	VE	
14	SA	
15	DI	
16	LU	38
17	MA	
18	ME	
19	JE	
20	VE	
21	SA	
22	DI	
23	LU	39
24	MA	
25	ME	
26	JE	
27	VE	
28	SA	
29	DI	
30	LU	40

OCTOBRE

01	MA		
02	ME		
03	JE		
04	VE		
05	SA		
06	DI		
07	LU		41
08	MA		
09	ME		
10	JE		
11	VE		
12	SA		
13	DI		
14	LU		42
15	MA		
16	ME		
17	JE		
18	VE		
19	SA		
20	DI		
21	LU		43
22	MA		
23	ME		
24	JE		
25	VE		
26	SA		
27	DI		
28	LU		44
29	MA		
30	JE		
31	VE		

NOVEMBRE

01	VE		
02	SA		
03	DI		
04	LU		45
05	MA		
06	ME		
07	JE		
08	VE		
09	SA		
10	DI		
11	LU		46
12	MA		
13	ME		
14	JE		
15	VE		
16	SA		
17	DI		
18	LU		47
19	MA		
20	ME		
21	JE		
22	VE		
23	SA		
24	DI		
25	LU		48
26	MA		
27	ME		
28	JE		
29	VE		
30	SA		

DÉCEMBRE

01	DI	
02	LU	49
03	MA	
04	ME	
05	JE	
06	VE	
07	SA	
08	DI	
09	LU	50
10	MA	
11	ME	
12	JE	
13	VE	
14	SA	
15	DI	
16	LU	51
17	MA	
18	ME	
19	JE	
20	VE	
21	SA	
22	DI	
23	LU	52
24	MA	
25	ME	
26	JE	
27	VE	
28	SA	
29	DI	
30	LU	01
31	MA	

JANVIER 2020

01	ME	
02	JE	
03	VE	
04	SA	
05	DI	
06	LU	02
07	MA	
08	ME	
09	JE	
10	VE	
11	SA	
12	DI	
13	LU	03
14	MA	
15	ME	
16	JE	
17	VE	
18	SA	
19	DI	
20	LU	04
21	MA	
22	ME	
23	JE	
24	VE	
25	SA	
26	DI	
27	LU	05
28	MA	
29	ME	
30	JE	
31	VE	

FÉVRIER

01	SA	
02	DI	
03	LU	06
04	MA	
05	ME	
06	JE	
07	VE	
08	SA	
09	DI	
10	LU	07
11	MA	
12	ME	
13	JE	
14	VE	
15	SA	
16	DI	
17	LU	08
18	MA	
19	ME	
20	JE	
21	VE	
22	SA	
23	DI	
24	LU	09
25	MA	
26	ME	
27	JE	
28	VE	
29	SA	

MARS

01	DI	
02	LU	10
03	MA	
04	ME	
05	JE	
06	VE	
07	SA	
08	DI	
09	LU	11
10	MA	
11	ME	
12	JE	
13	VE	
14	SA	
15	DI	
16	LU	12
17	MA	
18	ME	
19	JE	
20	VE	
21	SA	
22	DI	
23	LU	13
24	MA	
25	ME	
26	JE	
27	VE	
28	SA	
29	DI	
30	LU	14
31	MA	

AVRIL

01	ME	
02	JE	
03	VE	
04	SA	
05	DI	
06	LU	15
07	MA	
08	ME	
09	JE	
10	VE	
11	SA	
12	DI	
13	LU	16
14	MA	
15	ME	
16	JE	
17	VE	
18	SA	
19	DI	
20	LU	17
21	MA	
22	ME	
23	JE	
24	VE	
25	SA	
26	DI	
27	LU	18
28	MA	
29	ME	
30	JE	

MAI

01	VE	
02	SA	
03	DI	
04	LU	19
05	MA	
06	ME	
07	JE	
08	VE	
09	SA	
10	DI	
11	LU	20
12	MA	
13	ME	
14	JE	
15	VE	
16	SA	
17	DI	
18	LU	21
19	MA	
20	ME	
21	JE	
22	VE	
23	SA	
24	DI	
25	LU	22
26	MA	
27	ME	
28	JE	
29	VE	
30	SA	
31	DI	

JUIN

01	LU		23
02	MA		
03	ME		
04	JE		
05	VE		
06	SA		
07	DI		
08	LU		24
09	MA		
10	ME		
11	JE		
12	VE		
13	SA		
14	DI		
15	LU		25
16	MA		
17	ME		
18	JE		
19	VE		
20	SA		
21	DI		
22	LU		26
23	MA		
24	ME		
25	JE		
26	VE		
27	SA		
28	DI		
29	LU		27
30	MA		

JUILLET

01	ME		
02	JE		
03	VE		
04	SA		
05	DI		
06	LU		28
07	MA		
08	ME		
09	JE		
10	VE		
11	SA		
12	DI		
13	LU		29
14	MA		
15	ME		
16	JE		
17	VE		
18	SA		
19	DI		
20	LU		30
21	MA		
22	ME		
23	JE		
24	VE		
25	SA		
26	DI		
27	LU		31
28	MA		
29	ME		
30	JE		
31	VE		

AOÛT

01	SA	
02	DI	
03	LU	32
04	MA	
05	ME	
06	JE	
07	VE	
08	SA	
09	DI	
10	LU	33
11	MA	
12	ME	
13	JE	
14	VE	
15	SA	
16	DI	
17	LU	34
18	MA	
19	ME	
20	JE	
21	VE	
22	SA	
23	DI	
24	LU	35
25	MA	
26	ME	
27	JE	
28	VE	
29	SA	
30	DI	
31	LU	36

SEPTEMBRE

01	MA	
02	ME	
03	JE	
04	VE	
05	SA	
06	DI	
07	LU	37
08	MA	
09	ME	
10	JE	
11	VE	
12	SA	
13	DI	
14	LU	38
15	MA	
16	ME	
17	JE	
18	VE	
19	SA	
20	DI	
21	LU	39
22	MA	
23	ME	
24	JE	
25	VE	
26	SA	
27	DI	
28	LU	40
29	MA	
30	ME	

OCTOBRE

01	JE	
02	VE	
03	SA	
04	DI	
05	LU	41
06	MA	
07	ME	
08	JE	
09	VE	
10	SA	
11	DI	
12	LU	42
13	MA	
14	ME	
15	JE	
16	VE	
17	SA	
18	DI	
19	LU	43
20	MA	
21	ME	
22	JE	
23	VE	
24	SA	
25	SA	
26	LU	44
27	MA	
28	ME	
29	JE	
30	VE	
31	SA	

NOVEMBRE

01	DI	
02	LU	45
03	MA	
04	ME	
05	JE	
06	VE	
07	SA	
08	DI	
09	LU	46
10	MA	
11	ME	
12	JE	
13	VE	
14	SA	
15	DI	
16	LU	47
17	MA	
18	ME	
19	JE	
20	VE	
21	SA	
22	DI	
23	LU	48
24	MA	
25	ME	
26	JE	
27	VE	
28	SA	
29	DI	
30	LU	49

DÉCEMBRE

01	MA	
02	ME	
03	JE	
04	VE	
05	SA	
06	DI	
07	LU	50
08	MA	
09	ME	
10	JE	
11	VE	
12	SA	
13	DI	
14	LU	51
15	MA	
16	ME	
17	JE	
18	VE	
19	SA	
20	DI	
21	LU	52
22	MA	
23	ME	
24	JE	
25	VE	
26	SA	
27	DI	
28	LU	53
29	MA	
30	ME	
31	JE	

DATES IMPORTANTES

_____

_____

_____

_____

_____

_____

_____

_____

_____

TO DO'S

_____ ☐

_____ ☐

_____ ☐

_____ ☐

_____ ☐

_____ ☐

_____ ☐

_____ ☐

_____ ☐

Août

LUNDI	MARDI	MERCREDI
29	30	31
5	6	7
12	13	14
19	20	21
26	27	28
2	3	4

2019

JEUDI	VENDREDI	SAMEDI	DIMANCHE
1	2	3	4
8	9	10	11
15	16	17	18
22	23	24	25
29	30	31	1
5	6	7	8

Lundi

29

JUILLET

Mardi

30

JUILLET

Mercredi

31

JUILLET

Jeudi

01

AOÛT

Vendredi

02
AOÛT

☐
☐
☐
☐
☐
☐
☐

Samedi

03
AOÛT

☐
☐
☐
☐
☐
☐
☐

Dimanche

04
AOÛT

☐
☐
☐
☐
☐
☐
☐

SEMAINE 32

Lundi
05
AOÛT

Mardi
06
AOÛT

Mercredi
07
AOÛT

Jeudi
08
AOÛT

Vendredi
09
AOÛT

☐
☐
☐
☐
☐
☐
☐

Samedi
10
AOÛT

☐
☐
☐
☐
☐
☐
☐

Dimanche
11
AOÛT

☐
☐
☐
☐
☐
☐
☐

SEMAINE 33

Lundi

12
AOÛT

Mardi

13
AOÛT

Mercredi

14
AOÛT

Jeudi

15
AOÛT

Vendredi
16
AOÛT

☐
☐
☐
☐
☐
☐
☐

Samedi
17
AOÛT

☐
☐
☐
☐
☐
☐
☐

Dimanche
18
AOÛT

☐
☐
☐
☐
☐
☐
☐

SEMAINE 34

Lundi

19

AOÛT

Mardi

20

AOÛT

Mercredi

21

AOÛT

Jeudi

22

AOÛT

Vendredi
23
AOÛT

☐
☐
☐
☐
☐
☐
☐

Samedi
24
AOÛT

☐
☐
☐
☐
☐
☐
☐

Dimanche
25
AOÛT

☐
☐
☐
☐
☐
☐
☐

Lundi

26

AOÛT

Mardi

27

AOÛT

Mercredi

28

AOÛT

Jeudi

29

AOÛT

Vendredi
30
AOÛT

Samedi
31
AOÛT

Dimanche
01
SEPTEMBRE

AOÛT 2019

LU	MA	ME	JE	VE	SA	DI
			1	2	3	4
5	6	7	8	9	10	11
12	13	14	15	16	17	18
19	20	21	22	23	24	25
26	27	28	29	30	31	

Septembre

DATES IMPORTANTES

_____
_____
_____
_____
_____
_____
_____
_____
_____
_____
_____

TO DO'S

_____ ☐
_____ ☐
_____ ☐
_____ ☐
_____ ☐
_____ ☐
_____ ☐
_____ ☐
_____ ☐

OCT 2019

LU	MA	ME	JE	VE	SA	DI
	1	2	3	4	5	6
7	8	9	10	11	12	13
14	15	16	17	18	19	20
21	22	23	24	25	26	27
28	29	30	31			

LUNDI	MARDI	MERCREDI
26	27	28
2	3	4
9	10	11
16	17	18
23	24	25
30	1	2

2019

JEUDI	VENDREDI	SAMEDI	DIMANCHE
29	30	31	1
5	6	7	8
12	13	14	15
19	20	21	22
26	27	28	29
3	4	5	6

Lundi
02
SEPTEMBRE

Mardi
03
SEPTEMBRE

Mercredi
04
SEPTEMBRE

Jeudi
05
SEPTEMBRE

Vendredi
06
SEPTEMBRE

Samedi
07
SEPTEMBRE

Dimanche
08
SEPTEMBRE

Lundi

09

SEPTEMBRE

Mardi

10

SEPTEMBRE

Mercredi

11

SEPTEMBRE

Jeudi

12

SEPTEMBRE

Vendredi
13
SEPTEMBRE

- [ ]
- [ ]
- [ ]
- [ ]
- [ ]
- [ ]
- [ ]

Samedi
14
SEPTEMBRE

- [ ]
- [ ]
- [ ]
- [ ]
- [ ]
- [ ]
- [ ]

Dimanche
15
SEPTEMBRE

- [ ]
- [ ]
- [ ]
- [ ]
- [ ]
- [ ]
- [ ]

SEMAINE 38

Lundi
16
SEPTEMBRE

Mardi
17
SEPTEMBRE

Mercredi
18
SEPTEMBRE

Jeudi
19
SEPTEMBRE

Vendredi
20
SEPTEMBRE

☐
☐
☐
☐
☐
☐
☐

Samedi
21
SEPTEMBRE

☐
☐
☐
☐
☐
☐
☐

Dimanche
22
SEPTEMBRE

☐
☐
☐
☐
☐
☐

SEMAINE 39

Lundi

23

SEPTEMBRE

Mardi

24

SEPTEMBRE

Mercredi

25

SEPTEMBRE

Jeudi

26

SEPTEMBRE

Vendredi

27

SEPTEMBRE

☐
☐
☐
☐
☐
☐
☐

Samedi

28

SEPTEMBRE

☐
☐
☐
☐
☐
☐
☐

Dimanche

29

SEPTEMBRE

☐
☐
☐
☐
☐
☐
☐

SEP 2019

LU	MA	ME	JE	VE	SA	DI
						1
2	3	4	5	6	7	8
9	10	11	12	13	14	15
16	17	18	19	20	21	22
23	24	25	26	27	28	29
30						

DATES IMPORTANTES

_____
_____
_____
_____
_____
_____
_____
_____
_____
_____

TO DO'S

_____ ☐
_____ ☐
_____ ☐
_____ ☐
_____ ☐
_____ ☐
_____ ☐
_____ ☐
_____ ☐

NOV 2019

LU	MA	ME	JE	VE	SA	DI
					1	2	3
4	5	6	7	8	9	10
11	12	13	14	15	16	17
18	19	20	21	22	23	24
25	26	27	28	29	30	

Octobre

LUNDI	MARDI	MERCREDI
30	1	2
7	8	9
14	15	16
21	22	23
28	29	30

2019

JEUDI	VENDREDI	SAMEDI	DIMANCHE
3	4	5	6
10	11	12	13
17	18	19	20
24	25	26	27
31	1	2	3

SEMAINE 40

_____ ☐ _____ *Lundi*
_____ ☐ _____
_____ ☐ _____ **30**
_____ ☐ _____
_____ ☐ _____ SEPTEMBRE
_____ ☐ _____
_____ ☐ _____

_____ ☐ _____ *Mardi*
_____ ☐ _____
_____ ☐ _____ **01**
_____ ☐ _____
_____ ☐ _____ OCTOBRE
_____ ☐ _____
_____ ☐ _____

_____ ☐ _____ *Mercredi*
_____ ☐ _____
_____ ☐ _____ **02**
_____ ☐ _____
_____ ☐ _____ OCTOBRE
_____ ☐ _____
_____ ☐ _____

_____ ☐ _____ *Jeudi*
_____ ☐ _____
_____ ☐ _____ **03**
_____ ☐ _____
_____ ☐ _____ OCTOBRE
_____ ☐ _____
_____ ☐ _____

Vendredi

04

OCTOBRE

☐
☐
☐
☐
☐
☐
☐

Samedi

05

OCTOBRE

☐
☐
☐
☐
☐
☐
☐

Dimanche

06

OCTOBRE

☐
☐
☐
☐
☐
☐
☐

SEMAINE 41

Lundi
07
OCTOBRE

Mardi
08
OCTOBRE

Mercredi
09
OCTOBRE

Jeudi
10
OCTOBRE

Vendredi
11
OCTOBRE

☐
☐
☐
☐
☐
☐
☐

Samedi
12
OCTOBRE

☐
☐
☐
☐
☐
☐
☐

Dimanche
13
OCTOBRE

☐
☐
☐
☐
☐
☐

Lundi

14

OCTOBRE

Mardi

15

OCTOBRE

Mercredi

16

OCTOBRE

Jeudi

17

OCTOBRE

Vendredi
18
OCTOBRE

Samedi
19
OCTOBRE

Dimanche
20
OCTOBRE

SEMAINE 43

Lundi
21
OCTOBRE

Mardi
22
OCTOBRE

Mercredi
23
OCTOBRE

Jeudi
24
OCTOBRE

Vendredi

25

OCTOBRE

☐
☐
☐
☐
☐
☐
☐

Samedi

26

OCTOBRE

☐
☐
☐
☐
☐
☐
☐

Dimanche

27

OCTOBRE

☐
☐
☐
☐
☐
☐
☐

Lundi
28
OCTOBRE

Mardi
29
OCTOBRE

Mercredi
30
OCTOBRE

Jeudi
31
OCTOBRE

Vendredi

01

NOVEMBRE

Samedi

02

NOVEMBRE

Dimanche

03

NOVEMBRE

Novembre

OCT 2019

LU MA ME JE VE SA DI
1 2 3 4 5 6
7 8 9 10 11 12 13
14 15 16 17 18 19 20
21 22 23 24 25 26 27
28 29 30 31

DATES IMPORTANTES

_____
_____
_____
_____
_____
_____
_____
_____
_____
_____
_____

TO DO'S

_____ ☐
_____ ☐
_____ ☐
_____ ☐
_____ ☐
_____ ☐
_____ ☐
_____ ☐
_____ ☐

DEC 2019

LU MA ME JE VE SA DI
1
2 3 4 5 6 7 8
9 10 11 12 13 14 15
16 17 18 19 20 21 22
23 24 25 26 27 28 29
30 31

LUNDI	MARDI	MERCREDI
28	29	30
4	5	6
11	12	13
18	19	20
25	26	27

2019

JEUDI	VENDREDI	SAMEDI	DIMANCHE
31	1	2	3
7	8	9	10
14	15	16	17
21	22	23	24
28	29	30	1

SEMAINE 45

Lundi
04
NOVEMBRE

Mardi
05
NOVEMBRE

Mercredi
06
NOVEMBRE

Jeudi
07
NOVEMBRE

Vendredi
08
NOVEMBRE

Samedi
09
NOVEMBRE

Dimanche
10
NOVEMBRE

SEMAINE 46

Lundi
11
NOVEMBRE

Mardi
12
NOVEMBRE

Mercredi
13
NOVEMBRE

Jeudi
14
NOVEMBRE

Vendredi
15
NOVEMBRE

Samedi
16
NOVEMBRE

Dimanche
17
NOVEMBRE

SEMAINE 47

Lundi
18
NOVEMBRE

Mardi
19
NOVEMBRE

Mercredi
20
NOVEMBRE

Jeudi
21
NOVEMBRE

Vendredi
22
NOVEMBRE

Samedi
23
NOVEMBRE

Dimanche
24
NOVEMBRE

SEMAINE 48

Lundi
25
NOVEMBRE

Mardi
26
NOVEMBRE

Mercredi
27
NOVEMBRE

Jeudi
28
NOVEMBRE

Vendredi

29

NOVEMBRE

☐
☐
☐
☐
☐
☐
☐

Samedi

30

NOVEMBRE

☐
☐
☐
☐
☐
☐
☐

Dimanche

01

DÉCEMBRE

☐
☐
☐
☐
☐
☐
☐

NOV 2019

LU MA ME JE VE SA DI

         1 2 3
4 5 6 7 8 9 10
11 12 13 14 15 16 17
18 19 20 21 22 23 24
25 26 27 28 29 30

Décembre

DATES IMPORTANTES

_____
_____
_____
_____
_____
_____
_____
_____
_____
_____

TO DO'S

_____ ☐
_____ ☐
_____ ☐
_____ ☐
_____ ☐
_____ ☐
_____ ☐
_____ ☐
_____ ☐

JAN 2020

LU MA ME JE VE SA DI

         1 2 3 4 5
6 7 8 9 10 11 12
13 14 15 16 17 18 19
20 21 22 23 24 25 26
27 28 29 30 31

LUNDI	MARDI	MERCREDI
25	26	27
2	3	4
9	10	11
16	17	18
23	24	25
30	31	1

2019

JEUDI	VENDREDI	SAMEDI	DIMANCHE
28	29	30	1
5	6	7	8
12	13	14	15
19	20	21	22
26	27	28	29
2	3	4	5

SEMAINE 49

Lundi
02
DÉCEMBRE

Mardi
03
DÉCEMBRE

Mercredi
04
DÉCEMBRE

Jeudi
05
DÉCEMBRE

Vendredi
06
DÉCEMBRE

☐
☐
☐
☐
☐
☐
☐
☐

Samedi
07
DÉCEMBRE

☐
☐
☐
☐
☐
☐
☐
☐

Dimanche
08
DÉCEMBRE

☐
☐
☐
☐
☐
☐
☐

SEMAINE 50

Lundi
09
DÉCEMBRE

Mardi
10
DÉCEMBRE

Mercredi
11
DÉCEMBRE

Jeudi
12
DÉCEMBRE

Vendredi

13

DÉCEMBRE

- [ ]
- [ ]
- [ ]
- [ ]
- [ ]
- [ ]
- [ ]

Samedi

14

DÉCEMBRE

- [ ]
- [ ]
- [ ]
- [ ]
- [ ]
- [ ]
- [ ]

Dimanche

15

DÉCEMBRE

- [ ]
- [ ]
- [ ]
- [ ]
- [ ]
- [ ]
- [ ]

SEMAINE 51

Lundi
16
DÉCEMBRE

Mardi
17
DÉCEMBRE

Mercredi
18
DÉCEMBRE

Jeudi
19
DÉCEMBRE

DÉCEMBRE 2019

Vendredi
20
DÉCEMBRE

Samedi
21
DÉCEMBRE

Dimanche
22
DÉCEMBRE

SEMAINE 52

Lundi

23
DÉCEMBRE

Mardi

24
DÉCEMBRE

Mercredi

25
DÉCEMBRE

Jeudi

26
DÉCEMBRE

Vendredi
27
DÉCEMBRE

Samedi
28
DÉCEMBRE

Dimanche
29
DÉCEMBRE

DÉC 2019

LU	MA	ME	JE	VE	SA	DI
						1
2	3	4	5	6	7	8
9	10	11	12	13	14	15
16	17	18	19	20	21	22
23	24	25	26	27	28	29
30	31					

DATES IMPORTANTES

_____
_____
_____
_____
_____
_____
_____
_____
_____
_____

TO DO'S

_____ ☐
_____ ☐
_____ ☐
_____ ☐
_____ ☐
_____ ☐
_____ ☐
_____ ☐
_____ ☐

FÉV 2020

LU	MA	ME	JE	VE	SA	DI
					1	2
3	4	5	6	7	8	9
10	11	12	13	14	15	16
17	18	19	20	21	22	23
24	25	26	27	28	29	

Janvier

LUNDI	MARDI	MERCREDI
30	31	1
6	7	8
13	14	15
20	21	22
27	28	29

2020

JEUDI	VENDREDI	SAMEDI	DIMANCHE
2	3	4	5
9	10	11	12
16	17	18	19
23	24	25	26
30	31	1	2

SEMAINE 01

Lundi
30
DÉCEMBRE

Mardi
31
DÉCEMBRE

Mercredi
01
JANVIER

Jeudi
02
JANVIER

Vendredi

03

JANVIER

☐
☐
☐
☐
☐
☐
☐

Samedi

04

JANVIER

☐
☐
☐
☐
☐
☐
☐

Dimanche

05

JANVIER

☐
☐
☐
☐
☐
☐
☐

SEMAINE 02

Lundi
06
JANVIER

- [ ]
- [ ]
- [ ]
- [ ]
- [ ]
- [ ]
- [ ]

Mardi
07
JANVIER

- [ ]
- [ ]
- [ ]
- [ ]
- [ ]
- [ ]
- [ ]

Mercredi
08
JANVIER

- [ ]
- [ ]
- [ ]
- [ ]
- [ ]
- [ ]
- [ ]

Jeudi
9
JANVIER

- [ ]
- [ ]
- [ ]
- [ ]
- [ ]
- [ ]
- [ ]

Vendredi

10

JANVIER

- [ ]
- [ ]
- [ ]
- [ ]
- [ ]
- [ ]
- [ ]

Samedi

11

JANVIER

- [ ]
- [ ]
- [ ]
- [ ]
- [ ]
- [ ]
- [ ]

Dimanche

12

JANVIER

- [ ]
- [ ]
- [ ]
- [ ]
- [ ]
- [ ]
- [ ]

Lundi
13
JANVIER

_____ ☐ _____
_____ ☐ _____
_____ ☐ _____
_____ ☐ _____
_____ ☐ _____
_____ ☐ _____
_____ ☐ _____

Mardi
14
JANVIER

_____ ☐ _____
_____ ☐ _____
_____ ☐ _____
_____ ☐ _____
_____ ☐ _____
_____ ☐ _____
_____ ☐ _____

Mercredi
15
JANVIER

_____ ☐ _____
_____ ☐ _____
_____ ☐ _____
_____ ☐ _____
_____ ☐ _____
_____ ☐ _____
_____ ☐ _____

Jeudi
16
JANVIER

_____ ☐ _____
_____ ☐ _____
_____ ☐ _____
_____ ☐ _____
_____ ☐ _____
_____ ☐ _____
_____ ☐ _____

JANVIER 2020

Vendredi

17

JANVIER

☐
☐
☐
☐
☐
☐
☐

Samedi

18

JANVIER

☐
☐
☐
☐
☐
☐
☐

Dimanche

19

JANVIER

☐
☐
☐
☐
☐
☐
☐

Lundi
20
JANVIER

Mardi
21
JANVIER

Mercredi
22
JANVIER

Jeudi
23
JANVIER

Vendredi
24
JANVIER

☐
☐
☐
☐
☐
☐
☐

Samedi
25
JANVIER

☐
☐
☐
☐
☐
☐
☐

Dimanche
26
JANVIER

☐
☐
☐
☐
☐
☐
☐

SEMAINE 05

Lundi

27
JANVIER

Mardi

28
JANVIER

Mercredi

29
JANVIER

Jeudi

30
JANVIER

Vendredi
31
JANVIER

- [ ]
- [ ]
- [ ]
- [ ]
- [ ]
- [ ]
- [ ]

Samedi
01
FÉVRIER

- [ ]
- [ ]
- [ ]
- [ ]
- [ ]
- [ ]
- [ ]

Dimanche
02
FÉVRIER

- [ ]
- [ ]
- [ ]
- [ ]
- [ ]
- [ ]
- [ ]

Février

DATES IMPORTANTES

_____
_____
_____
_____
_____
_____
_____
_____
_____

TO DO'S

_____ ☐
_____ ☐
_____ ☐
_____ ☐
_____ ☐
_____ ☐
_____ ☐
_____ ☐
_____ ☐

MAR 2020
LU MA ME JE VE SA DI
| | | | | | | 1 |
2 | 3 | 4 | 5 | 6 | 7 | 8
9 | 10 | 11 | 12 | 13 | 14 | 15
16 | 17 | 18 | 19 | 20 | 21 | 22
23 | 24 | 25 | 26 | 27 | 28 | 29
30 | 31

LUNDI	MARDI	MERCREDI
26	27	28
3	4	5
10	11	12
17	18	19
24	25	26

2020

JEUDI	VENDREDI	SAMEDI	DIMANCHE
29	30	1	2
6	7	8	9
13	14	15	16
20	21	22	23
27	28	29	1

SEMAINE 06

Lundi

03
FÉVRIER

Mardi

04
FÉVRIER

Mercredi

05
FÉVRIER

Jeudi

06
FÉVRIER

Vendredi

07

FÉVRIER

☐
☐
☐
☐
☐
☐
☐

Samedi

08

FÉVRIER

☐
☐
☐
☐
☐
☐
☐

Dimanche

09

FÉVRIER

☐
☐
☐
☐
☐
☐
☐

Lundi

10

FÉVRIER

Mardi

11

FÉVRIER

Mercredi

12

FÉVRIER

Jeudi

13

FÉVRIER

Vendredi

14
FÉVRIER

☐
☐
☐
☐
☐
☐
☐

Samedi

15
FÉVRIER

☐
☐
☐
☐
☐
☐
☐

Dimanche

16
FÉVRIER

☐
☐
☐
☐
☐
☐
☐

SEMAINE 08

Lundi
17
FÉVRIER

Mardi
18
FÉVRIER

Mercredi
19
FÉVRIER

Jeudi
20
FÉVRIER

Vendredi
21
FÉVRIER

☐
☐
☐
☐
☐
☐
☐

Samedi
22
FÉVRIER

☐
☐
☐
☐
☐
☐
☐

Dimanche
23
FÉVRIER

☐
☐
☐
☐
☐
☐
☐

Lundi

24
FÉVRIER

Mardi

25
FÉVRIER

Mercredi

26
FÉVRIER

Jeudi

27
FÉVRIER

Vendredi
28
FÉVRIER

☐
☐
☐
☐
☐
☐
☐

Samedi
29
FÉVRIER

☐
☐
☐
☐
☐
☐
☐

Dimanche
01
MARS

☐
☐
☐
☐
☐
☐

Mars

	LUNDI	MARDI	MERCREDI
	24	25	26
	2	3	4
	9	10	11
	16	17	18
	23	24	25
	30	31	

DATES IMPORTANTES

_____

_____

_____

_____

_____

_____

_____

_____

_____

TO DO'S

_____ ☐

_____ ☐

_____ ☐

_____ ☐

_____ ☐

_____ ☐

_____ ☐

_____ ☐

_____ ☐

AVR 2020

LU MA ME JE VE SA DI

		1	2	3	4	5
6	7	8	9	10	11	12
13	14	15	16	17	18	19
20	21	22	23	24	25	26
27	28	29	30

2020

JEUDI	VENDREDI	SAMEDI	DIMANCHE
27	28	29	1
5	6	7	8
12	13	14	15
19	20	21	22
26	27	28	29

Lundi
02
MARS

Mardi
03
MARS

Mercredi
04
MARS

Jeudi
05
MARS

Vendredi
06
MARS

☐
☐
☐
☐
☐
☐
☐

Samedi
07
MARS

☐
☐
☐
☐
☐
☐
☐

Dimanche
08
MARS

☐
☐
☐
☐
☐
☐
☐

SEMAINE 11

☐
☐
☐
☐
☐
☐
☐
☐

Lundi

09
MARS

☐
☐
☐
☐
☐
☐
☐
☐

Mardi

10
MARS

☐
☐
☐
☐
☐
☐
☐
☐

Mercredi

11
MARS

☐
☐
☐
☐
☐
☐
☐
☐

Jeudi

12
MARS

Vendredi
13
MARS

☐
☐
☐
☐
☐
☐
☐

Samedi
14
MARS

☐
☐
☐
☐
☐
☐
☐

Dimanche
15
MARS

☐
☐
☐
☐
☐
☐
☐

SEMAINE 12

Lundi
16
MARS

Mardi
17
MARS

Mercredi
18
MARS

Jeudi
19
MARS

Vendredi
20
MARS

☐
☐
☐
☐
☐
☐
☐
☐

Samedi
21
MARS

☐
☐
☐
☐
☐
☐
☐

Dimanche
22
MARS

☐
☐
☐
☐
☐
☐
☐

SEMAINE 13

Lundi
23
MARS

Mardi
24
MARS

Mercredi
25
MARS

Jeudi
26
MARS

Vendredi
27
MARS

☐
☐
☐
☐
☐
☐
☐

Samedi
28
MARS

☐
☐
☐
☐
☐
☐
☐

Dimanche
29
MARS

☐
☐
☐
☐
☐
☐
☐

Avril

DATES IMPORTANTES

_____
_____
_____
_____
_____
_____
_____
_____
_____
_____

TO DO'S

_____ ☐
_____ ☐
_____ ☐
_____ ☐
_____ ☐
_____ ☐
_____ ☐
_____ ☐
_____ ☐

MAI 2020
LU MA ME JE VE SA DI

					1	2	3
4	5	6	7	8	9	10
11	12	13	14	15	16	17
18	19	20	21	22	23	24
25	26	27	28	29	30	31

LUNDI	MARDI	MERCREDI
30	31	1
6	7	8
13	14	15
20	21	22
27	28	29

2020

JEUDI	VENDREDI	SAMEDI	DIMANCHE
2	3	4	5
9	10	11	12
16	17	18	19
23	24	25	26
30	1	2	3

Lundi
30
MARS

Mardi
31
MARS

Mercredi
01
AVRIL

Jeudi
02
AVRIL

Vendredi

03
AVRIL

☐
☐
☐
☐
☐
☐
☐
☐

Samedi

04
AVRIL

☐
☐
☐
☐
☐
☐
☐

Dimanche

05
AVRIL

☐
☐
☐
☐
☐
☐
☐

SEMAINE 15

Lundi
06
AVRIL

Mardi
07
AVRIL

Mercredi
08
AVRIL

Jeudi
09
AVRIL

Vendredi

10
AVRIL

- [ ]
- [ ]
- [ ]
- [ ]
- [ ]
- [ ]
- [ ]

Samedi

11
AVRIL

- [ ]
- [ ]
- [ ]
- [ ]
- [ ]
- [ ]
- [ ]

Dimanche

12
AVRIL

- [ ]
- [ ]
- [ ]
- [ ]
- [ ]
- [ ]
- [ ]

SEMAINE 16

Lundi
13
AVRIL

Mardi
14
AVRIL

Mercredi
15
AVRIL

Jeudi
16
AVRIL

Vendredi
17
AVRIL

☐
☐
☐
☐
☐
☐
☐

Samedi
18
AVRIL

☐
☐
☐
☐
☐
☐
☐

Dimanche
19
AVRIL

☐
☐
☐
☐
☐
☐
☐

SEMAINE 17

Lundi
20
AVRIL

Mardi
21
AVRIL

Mercredi
22
AVRIL

Jeudi
23
AVRIL

Vendredi

24
AVRIL

Samedi

25
AVRIL

Dimanche

26
AVRIL

SEMAINE 18

Lundi

27
AVRIL

Mardi

28
AVRIL

Mercredi

29
AVRIL

Jeudi

30
AVRIL

Vendredi

01
MAI

☐
☐
☐
☐
☐
☐
☐

Samedi

02
MAI

☐
☐
☐
☐
☐
☐
☐

Dimanche

03
MAI

☐
☐
☐
☐
☐
☐
☐

Mai

DATES IMPORTANTES

_____
_____
_____
_____
_____
_____
_____
_____
_____
_____
_____

TO DO'S

_____ ☐
_____ ☐
_____ ☐
_____ ☐
_____ ☐
_____ ☐
_____ ☐
_____ ☐
_____ ☐

JUIN 2020

LU MA ME JE VE SA DI

1	2	3	4	5	6	7
8	9	10	11	12	13	14
15	16	17	18	19	20	21
22	23	24	25	26	27	28
29	30

LUNDI	MARDI	MERCREDI
27	28	29
4	5	6
11	12	13
18	19	20
25	26	27

2020

JEUDI	VENDREDI	SAMEDI	DIMANCHE
30	1	2	3
7	8	9	10
14	15	16	17
21	22	23	24
28	29	30	31

SEMAINE 19

Lundi
04
MAI

Mardi
05
MAI

Mercredi
06
MAI

Jeudi
07
MAI

Vendredi
08
MAI

☐
☐
☐
☐
☐
☐
☐

Samedi
09
MAI

☐
☐
☐
☐
☐
☐
☐

Dimanche
10
MAI

☐
☐
☐
☐
☐
☐

Lundi
11
MAI

Mardi
12
MAI

Mercredi
13
MAI

Jeudi
14
MAI

Vendredi
15
MAI

☐
☐
☐
☐
☐
☐
☐

Samedi
16
MAI

☐
☐
☐
☐
☐
☐
☐

Dimanche
17
MAI

☐
☐
☐
☐
☐
☐
☐

SEMAINE 21

Lundi
18
MAI

Mardi
19
MAI

Mercredi
20
MAI

Jeudi
21
MAI

Vendredi
22
MAI

☐
☐
☐
☐
☐
☐
☐
☐

Samedi
23
MAI

☐
☐
☐
☐
☐
☐
☐
☐

Dimanche
24
MAI

☐
☐
☐
☐
☐
☐
☐
☐

Lundi
25
MAI

Mardi
26
MAI

Mercredi
27
MAI

Jeudi
28
MAI

Vendredi

29

MAI

☐
☐
☐
☐
☐
☐
☐

Samedi

30

MAI

☐
☐
☐
☐
☐
☐
☐

Dimanche

31

MAI

☐
☐
☐
☐
☐
☐
☐

MAI 2020

LU	MA	ME	JE	VE	SA	DI
				1	2	3
4	5	6	7	8	9	10
11	12	13	14	15	16	17
18	19	20	21	22	23	24
25	26	27	28	29	30	31

DATES IMPORTANTES

_____
_____
_____
_____
_____
_____
_____
_____
_____
_____

TO DO'S

_____ ☐
_____ ☐
_____ ☐
_____ ☐
_____ ☐
_____ ☐
_____ ☐
_____ ☐
_____ ☐

JUIL 2020

LU	MA	ME	JE	VE	SA	DI
	1	2	3	4	5	
6	7	8	9	10	11	12
13	14	15	16	17	18	19
20	21	22	23	24	25	26
27	28	29	30	31		

Juin

LUNDI	MARDI	MERCREDI
1	2	3
8	9	10
15	16	17
22	23	24
29	30	1

2020

JEUDI	VENDREDI	SAMEDI	DIMANCHE
4	5	6	7
11	12	13	14
18	19	20	21
25	26	27	28
2	3	4	5

SEMAINE 23

Lundi
01
JUIN

Mardi
02
JUIN

Mercredi
03
JUIN

Jeudi
04
JUIN

Vendredi

05
JUIN

☐
☐
☐
☐
☐
☐
☐

Samedi

06
JUIN

☐
☐
☐
☐
☐
☐
☐

Dimanche

07
JUIN

☐
☐
☐
☐
☐
☐
☐

Lundi
08
JUIN

Mardi
09
JUIN

Mercredi
10
JUIN

Jeudi
11
JUIN

Vendredi
12
JUIN

Samedi
13
JUIN

Dimanche
14
JUIN

Lundi

15
JUIN

Mardi

16
JUIN

Mercredi

17
JUIN

Jeudi

18
JUIN

Vendredi
19
JUIN

Samedi
20
JUIN

Dimanche
21
JUIN

SEMAINE 26

Lundi
22
JUIN

Mardi
23
JUIN

Mercredi
24
JUIN

Jeudi
25
JUIN

JUIN 2020

Vendredi
26
JUIN

Samedi
27
JUIN

Dimanche
28
JUIN

SEMAINE 27

Lundi
29
JUIN

Mardi
30
JUIN

Mercredi
01
JUILLET

Jeudi
02
JUILLET

Vendredi

03

JUILLET

Samedi

04

JUILLET

Dimanche

05

JUILLET

Juillet

JUIN 2020
LU	MA	ME	JE	VE	SA	DI
1	2	3	4	5	6	7
8	9	10	11	12	13	14
15	16	17	18	19	20	21
22	23	24	25	26	27	28
29	30					

DATES IMPORTANTES

_____
_____
_____
_____
_____
_____
_____
_____
_____
_____
_____

TO DO'S

_____ ☐
_____ ☐
_____ ☐
_____ ☐
_____ ☐
_____ ☐
_____ ☐
_____ ☐
_____ ☐

AOÛT 2020
LU	MA	ME	JE	VE	SA	DI
					1	2
3	4	5	6	7	8	9
10	11	12	13	14	15	16
17	18	19	20	21	22	23
24	25	26	27	28	29	30

LUNDI	MARDI	MERCREDI
29	30	1
6	7	8
13	14	15
20	21	22
27	28	29

2020

JEUDI	VENDREDI	SAMEDI	DIMANCHE
2	3	4	5
9	10	11	12
16	17	18	19
23	24	25	26
30	31	1	2

SEMAINE 28

Lundi
06
JUILLET

Mardi
07
JUILLET

Mercredi
08
JUILLET

Jeudi
09
JUILLET

Vendredi
10
JUILLET

☐
☐
☐
☐
☐
☐
☐

Samedi
11
JUILLET

☐
☐
☐
☐
☐
☐
☐

Dimanche
12
JUILLET

☐
☐
☐
☐
☐
☐
☐

Lundi
13
JUILLET

Mardi
14
JUILLET

Mercredi
15
JUILLET

Jeudi
16
JUILLET

Vendredi
17
JUILLET

☐
☐
☐
☐
☐
☐
☐

Samedi
18
JUILLET

☐
☐
☐
☐
☐
☐
☐

Dimanche
19
JUILLET

☐
☐
☐
☐
☐
☐
☐

SEMAINE 30

Lundi
20
JUILLET

Mardi
21
JUILLET

Mercredi
22
JUILLET

Jeudi
23
JUILLET

Vendredi
24
JUILLET

Samedi
25
JUILLET

Dimanche
26
JUILLET

SEMAINE 31

Lundi
27
JUILLET

Mardi
28
JUILLET

Mercredi
29
JUILLET

Jeudi
30
JUILLET

Vendredi
31
AOÛT

☐
☐
☐
☐
☐
☐
☐

Samedi
01
AOÛT

☐
☐
☐
☐
☐
☐
☐

Dimanche
02
AOÛT

☐
☐
☐
☐
☐
☐
☐

DATES IMPORTANTES

_____
_____
_____
_____
_____
_____
_____
_____
_____
_____
_____

TO DO'S

_____ ☐
_____ ☐
_____ ☐
_____ ☐
_____ ☐
_____ ☐
_____ ☐
_____ ☐
_____ ☐

Août

LUNDI	MARDI	MERCREDI
27	28	29
3	4	5
10	11	12
17	18	19
24	25	26
31		

2020

JEUDI	VENDREDI	SAMEDI	DIMANCHE
30	31	1	2
6	7	8	9
13	14	15	16
20	21	22	23
27	28	29	30

SEMAINE 32

Lundi
03
AOÛT

Mardi
04
AOÛT

Mercredi
05
AOÛT

Jeudi
06
AOÛT

Vendredi

07

AOÛT

☐
☐
☐
☐
☐
☐
☐

Samedi

08

AOÛT

☐
☐
☐
☐
☐
☐
☐

Dimanche

09

AOÛT

☐
☐
☐
☐
☐
☐
☐

Lundi

10

AOÛT

Mardi

11

AOÛT

Mercredi

12

AOÛT

Jeudi

13

AOÛT

Vendredi
14
AOÛT

Samedi
15
AOÛT

Dimanche
16
AOÛT

Lundi

17

AOÛT

Mardi

18

AOÛT

Mercredi

19

AOÛT

Jeudi

20

AOÛT

Vendredi
21
AOÛT

Samedi
22
AOÛT

Dimanche
23
AOÛT

Lundi

24
AOÛT

Mardi

25
AOÛT

Mercredi

26
AOÛT

Jeudi

27
AOÛT

Vendredi

28
AOÛT

☐
☐
☐
☐
☐
☐
☐

Samedi

29
AOÛT

☐
☐
☐
☐
☐
☐
☐

Dimanche

30
AOÛT

☐
☐
☐
☐
☐
☐
☐

AOÛT 2020

LU	MA	ME	JE	VE	SA	DI
					1	2
3	4	5	6	7	8	9
10	11	12	13	14	15	16
17	18	19	20	21	22	23
24	25	26	27	28	29	30
31						

DATES IMPORTANTES

_____
_____
_____
_____
_____
_____
_____
_____
_____
_____
_____

TO DO'S

_____ ☐
_____ ☐
_____ ☐
_____ ☐
_____ ☐
_____ ☐
_____ ☐
_____ ☐
_____ ☐

OCT 2020

LU	MA	ME	JE	VE	SA	DI
			1	2	3	4
5	6	7	8	9	10	11
12	13	14	15	16	17	18
19	20	21	22	23	24	25
26	27	28	29	30	31	

Septembre

LUNDI	MARDI	MERCREDI
31	1	2
7	8	9
14	15	16
21	22	23
28	29	30

2020

JEUDI	VENDREDI	SAMEDI	DIMANCHE
3	4	5	6
10	11	12	13
17	18	19	20
24	25	26	27
1	2	3	4

SEMAINE 36

Lundi
31
AOÛT

Mardi
01
SEPTEMBRE

Mercredi
02
SEPTEMBRE

Jeudi
03
SEPTEMBRE

Vendredi
04
SEPTEMBRE

Samedi
05
SEPTEMBRE

Dimanche
06
SEPTEMBRE

SEMAINE 37

Lundi
07
SEPTEMBRE

Mardi
08
SEPTEMBRE

Mercredi
09
SEPTEMBRE

Jeudi
10
SEPTEMBRE

Vendredi
11
SEPTEMBRE

- [ ]
- [ ]
- [ ]
- [ ]
- [ ]
- [ ]
- [ ]

Samedi
12
SEPTEMBRE

- [ ]
- [ ]
- [ ]
- [ ]
- [ ]
- [ ]
- [ ]

Dimanche
13
SEPTEMBRE

- [ ]
- [ ]
- [ ]
- [ ]
- [ ]
- [ ]

SEMAINE 38

Lundi
14
SEPTEMBRE

Mardi
15
SEPTEMBRE

Mercredi
16
SEPTEMBRE

Jeudi
17
SEPTEMBRE

Vendredi
18
SEPTEMBRE

Samedi
19
SEPTEMBRE

Dimanche
20
SEPTEMBRE

Lundi
21
SEPTEMBRE

Mardi
22
SEPTEMBRE

Mercredi
23
SEPTEMBRE

Jeudi
24
SEPTEMBRE

Vendredi
25
SEPTEMBRE

☐
☐
☐
☐
☐
☐
☐
☐

Samedi
26
SEPTEMBRE

☐
☐
☐
☐
☐
☐
☐
☐

Dimanche
27
SEPTEMBRE

☐
☐
☐
☐
☐
☐
☐
☐

SEMAINE 40

Lundi
28
SEPTEMBRE

Mardi
29
SEPTEMBRE

Mercredi
30
SEPTEMBRE

Jeudi
01
OCTOBRE

Vendredi
02
OCTOBRE

☐
☐
☐
☐
☐
☐
☐

Samedi
03
OCTOBRE

☐
☐
☐
☐
☐
☐
☐

Dimanche
04
OCTOBRE

☐
☐
☐
☐
☐
☐
☐

Octobre

DATES IMPORTANTES

_____
_____
_____
_____
_____
_____
_____
_____
_____
_____
_____
_____
_____
_____

TO DO'S

_____ ☐
_____ ☐
_____ ☐
_____ ☐
_____ ☐
_____ ☐
_____ ☐
_____ ☐
_____ ☐

NOV 2020
LU MA ME JE VE SA DI

						1
2	3	4	5	6	7	8
9	10	11	12	13	14	15
16	17	18	19	20	21	22
23	24	25	26	27	28	29

LUNDI	MARDI	MERCREDI
28	29	30
5	6	7
12	13	14
19	20	21
26	27	28
2	3	4

2020

JEUDI	VENDREDI	SAMEDI	DIMANCHE
1	2	3	4
8	9	10	11
15	16	17	18
22	23	24	25
29	30	31	1
5	6	7	8

SEMAINE 41

Lundi
05
OCTOBRE

Mardi
06
SEPTEMBRE

Mercredi
07
SEPTEMBRE

Jeudi
08
OCTOBRE

Vendredi
09
OCTOBRE

Samedi
10
OCTOBRE

Dimanche
11
OCTOBRE

Lundi

12

OCTOBRE

Mardi

13

SEPTEMBRE

Mercredi

14

SEPTEMBRE

Jeudi

15

OCTOBRE

OCTOBRE 2020

Vendredi

16

OCTOBRE

☐
☐
☐
☐
☐
☐
☐

Samedi

17

OCTOBRE

☐
☐
☐
☐
☐
☐
☐

Dimanche

18

OCTOBRE

☐
☐
☐
☐
☐
☐
☐

SEMAINE 43

Lundi
19
OCTOBRE

Mardi
20
SEPTEMBRE

Mercredi
21
SEPTEMBRE

Jeudi
22
OCTOBRE

Vendredi
23
OCTOBRE

Samedi
24
OCTOBRE

Dimanche
25
OCTOBRE

SEMAINE 44

Lundi
26
OCTOBRE

Mardi
27
SEPTEMBRE

Mercredi
28
SEPTEMBRE

Jeudi
29
OCTOBRE

Vendredi
30
OCTOBRE

☐
☐
☐
☐
☐
☐
☐

Samedi
31
OCTOBRE

☐
☐
☐
☐
☐
☐

Dimanche
01
NOVEMBRE

☐
☐
☐
☐
☐
☐
☐

OCT 2020

LU MA ME JE VE SA DI

				1	2	3	4
5	6	7	8	9	10	11
12	13	14	15	16	17	18
19	20	21	22	23	24	25
26	27	28	29	30	31

DATES IMPORTANTES

_____

_____

_____

_____

_____

_____

_____

_____

_____

_____

TO DO'S

_____ ☐

_____ ☐

_____ ☐

_____ ☐

_____ ☐

_____ ☐

_____ ☐

_____ ☐

_____ ☐

DÉC 2020

LU MA ME JE VE SA DI

	1	2	3	4	5	6
7	8	9	10	11	12	13
14	15	16	17	18	19	20
21	22	23	24	25	26	27
28	29	30	31

Novembre

LUNDI	MARDI	MERCREDI
26	27	28
2	3	4
9	10	11
16	17	18
23	24	25
30		

2020

JEUDI	VENDREDI	SAMEDI	DIMANCHE
29	30	31	1
5	6	7	8
12	13	14	15
19	20	21	22
26	27	28	29

SEMAINE 45

Lundi
02
NOVEMBRE

Mardi
03
NOVEMBRE

Mercredi
04
NOVEMBRE

Jeudi
05
NOVEMBRE

Vendredi
06
NOVEMBRE

Samedi
07
NOVEMBRE

Dimanche
08
NOVEMBRE

SEMAINE 46

Lundi
09
NOVEMBRE

Mardi
10
NOVEMBRE

Mercredi
11
NOVEMBRE

Jeudi
12
NOVEMBRE

Vendredi

13
NOVEMBRE

☐
☐
☐
☐
☐
☐
☐

Samedi

14
NOVEMBRE

☐
☐
☐
☐
☐
☐
☐

Dimanche

15
NOVEMBRE

☐
☐
☐
☐
☐
☐
☐

SEMAINE 47

Lundi
16
NOVEMBRE

Mardi
17
NOVEMBRE

Mercredi
18
NOVEMBRE

Jeudi
19
NOVEMBRE

Vendredi
20
NOVEMBRE

Samedi
21
NOVEMBRE

Dimanche
22
NOVEMBRE

SEMAINE 48

Lundi
23
NOVEMBRE

- [ ]
- [ ]
- [ ]
- [ ]
- [ ]
- [ ]
- [ ]

Mardi
24
NOVEMBRE

- [ ]
- [ ]
- [ ]
- [ ]
- [ ]
- [ ]
- [ ]

Mercredi
25
NOVEMBRE

- [ ]
- [ ]
- [ ]
- [ ]
- [ ]
- [ ]
- [ ]

Jeudi
26
NOVEMBRE

- [ ]
- [ ]
- [ ]
- [ ]
- [ ]
- [ ]
- [ ]

Vendredi

27

NOVEMBRE

Samedi

28

NOVEMBRE

Dimanche

29

NOVEMBRE

Décembre

LUNDI	MARDI	MERCREDI

LUNDI	MARDI	MERCREDI
30	1	2
7	8	9
14	15	16
21	22	23
28	29	30

DATES IMPORTANTES

_____
_____
_____
_____
_____
_____
_____
_____
_____
_____
_____

TO DO'S

_____ ☐
_____ ☐
_____ ☐
_____ ☐
_____ ☐
_____ ☐
_____ ☐
_____ ☐
_____ ☐

JAN 2021
LU MA ME JE VE SA DI

					1	2	3
4	5	6	7	8	9	10
11	12	13	14	15	16	17
18	19	20	21	22	23	24
25	26	27	28	29	30	31

2020

JEUDI	VENDREDI	SAMEDI	DIMANCHE
3	4	5	6
10	11	12	13
17	18	19	20
24	25	26	27
31	1	2	3

SEMAINE 49

Lundi
30
NOVEMBRE

Mardi
01
DÉCEMBRE

Mercredi
02
DÉCEMBRE

Jeudi
03
DÉCEMBRE

Vendredi
04
DÉCEMBRE

☐
☐
☐
☐
☐
☐
☐
☐

Samedi
05
DÉCEMBRE

☐
☐
☐
☐
☐
☐
☐

Dimanche
06
DÉCEMBRE

☐
☐
☐
☐
☐
☐
☐

SEMAINE 50

Lundi
07
DÉCEMBRE

- [ ]
- [ ]
- [ ]
- [ ]
- [ ]
- [ ]
- [ ]
- [ ]

Mardi
08
DÉCEMBRE

- [ ]
- [ ]
- [ ]
- [ ]
- [ ]
- [ ]
- [ ]

Mercredi
09
DÉCEMBRE

- [ ]
- [ ]
- [ ]
- [ ]
- [ ]
- [ ]
- [ ]

Jeudi
10
DÉCEMBRE

- [ ]
- [ ]
- [ ]
- [ ]
- [ ]
- [ ]
- [ ]

Vendredi

11

DÉCEMBRE

☐
☐
☐
☐
☐
☐
☐

Samedi

12

DÉCEMBRE

☐
☐
☐
☐
☐
☐

Dimanche

13

DÉCEMBRE

☐
☐
☐
☐
☐
☐
☐

SEMAINE 51

Lundi
14
DÉCEMBRE

Mardi
15
DÉCEMBRE

Mercredi
16
DÉCEMBRE

Jeudi
17
DÉCEMBRE

Vendredi

18

DÉCEMBRE

Samedi

19

DÉCEMBRE

Dimanche

20

DÉCEMBRE

Lundi
21
DÉCEMBRE

Mardi
22
DÉCEMBRE

Mercredi
23
DÉCEMBRE

Jeudi
24
DÉCEMBRE

Vendredi
25
DÉCEMBRE

☐
☐
☐
☐
☐
☐
☐

Samedi
26
DÉCEMBRE

☐
☐
☐
☐
☐
☐
☐

Dimanche
27
DÉCEMBRE

☐
☐
☐
☐
☐
☐
☐

SEMAINE 53

Lundi
28
DÉCEMBRE

Mardi
29
DÉCEMBRE

Mercredi
30
DÉCEMBRE

Jeudi
31
DÉCEMBRE

Vendredi

01

JANVIER

Samedi

02

JANVIER

Dimanche

03

JANVIER

Notes

Vacances en france

2019	2020	
01. Janvier	01. Janvier	Jour de l'an
19. Avril	10. Avril	Vendredi saint
22. Avril	13. Avril	Lundi de Pâques
01. Mai	01. Mai	Fête du Travail
08. Mai	08. Mai	Fête de la Victoire
30. Mai	21. Mai	Ascension
10. Juin	01. Juin	Lundi de Pentecôte
14. Juillet	14. Juillet	Fête Nationale
15. Août	15. Août	Assomption
01. Novembre	01. Novembre	Toussaint
11. Novembre	11. Novembre	Armistice de 1918
25. Décembre	25. Décembre	Noël
26. Décembre	26. Décembre	Deuxième jour de Noël

Contacts

NOM	É-MAIL	MOBILE

Mots de passe

WEBSITE	É-MAIL	MOT DE PASSE

Impressum

Feedback:
feedback@mertens-publication.de

Edition : Books on Demand,
12/14 rond-Point des Champs-Elysées, 75008 Paris
Impression : BoD - Books on Demand, Norderstedt, Allemagne
ISBN :
9782322127030

Mertens Ventures Ltd.
Tefkrou Anthia No 2 Office 301
6045 Larnaca
Zypern
E-Mail: kontakt@mertens-publication.de

Dépôt légal : juillet 2019